Ich Sage Nette Dinge.

Ich Haue Nicht!

Meine Erstaunliche Verhaltensserie für Kleinkinder

Ein Buch Über Das Thema „Nicht Hauen"
Für Kleinkinder (2-4 Jahre)

Von Suzanne T. Christian

TWORAVENS
BOOKS

Taschenbuch Ausgabe: 9781964202471
Gebundene Ausgabe: 9781964202488
Digitale Ausgabe: 9781964202495

Veröffentlicht in den Vereinigten Staaten von Two Ravens Books LLC,
254 Chapman Rd, Ste 209, Newark DE 19702

„Erweitern Sie Ihren Geist, befreien Sie Ihre Fantasie, ein Titel nach
dem anderen."

www.tworavensbooks.com

Herzlich willkommen bei „Ich Sage Nette Dinge. Ich Haue Nicht!"

Dieses Buch ist eine Schatztruhe an leicht verständlichen und ansprechenden Affirmationen, die speziell für eure Kleinen entwickelt wurden. Wenn ihr gemeinsam die Seiten erkundet, wird euer Kind die Freude entdecken, sich durch Worte auszudrücken, anstatt durch Handlungen wie Schlagen.

Jede Seite enthält farbenfrohe Illustrationen und positive Affirmationen, die zu Freundlichkeit, Verständnis und respektvollem Verhalten ermutigen. Macht euch bereit für eine Reise des emotionalen Wachstums, der Liebe und viel Spaß mit eurem Kind!

Wenn ich ein Spielzeug möchte,
dann frage ich.
Ich haue nicht.

Ich benutze meine Worte, nicht meine Hände, wenn ich wütend bin.

Meine Hände sind
zum Winken da,
nicht zum Hauen.

Meine Hände sind
zum sanften Kitzeln,
nicht für Schläge.

Ich schließe Freundschaften,
ich haue andere nicht.

Wenn ich wütend bin,
atme ich tief durch.
Ich haue nicht.

Ich bin stark, aber ich nutze meine Kraft um zu helfen, **nicht um zu hauen.**

Meine Hände sind für lustige
Begrüßungen, nicht um zu verletzen.

Ich liebe es,
Freude zu teilen,
nicht andere zu
verletzten.

Ich benutze meine Hände
zum Stapeln von Blöcken,
nicht zum Hauen.

Ich verbreite Liebe
mit Umarmungen,
nicht mit
Schmerzen und
Schlägen.

Meine Hände sind zum
Malen da,
**nicht um andere
zu schubsen.**

Wenn ich etwas sagen will, singe ich. Ich haue nicht.

Meine Hände
klatschen toll, sie
sind nicht zum Hauen.

Ich spiele freundlich mit meinen Freunden.
Wir brauchen uns nicht zu hauen.

Meine Hände helfen anderen,
sie hauen nicht.

Es ist in Ordnung,
wütend zu sein.
Es ist nicht in
Ordnung, zu hauen.

Wenn ich verärgert bin, zähle
ich bis drei. Ich haue nicht.

Ich liebe es,
Geschenke zu machen,
nicht zu hauen.

Meine Hände umarmen meinen Teddy, sie hauen ihn nicht.

Ich halte Händchen mit Freunden,
ich tue ihnen nicht weh.

Wenn ich mich ausdrücken will,
male ich. Ich haue nicht.

Meine Hände können Zaubertricks.
Ich haue nicht.

Ich teile meine Spielzeuge,
nicht meine
schlechte Laune.

Ich sage nette Dinge. Ich Haue Nicht!

Meine Erstaunliche Verhaltensserie für Kleinkinder

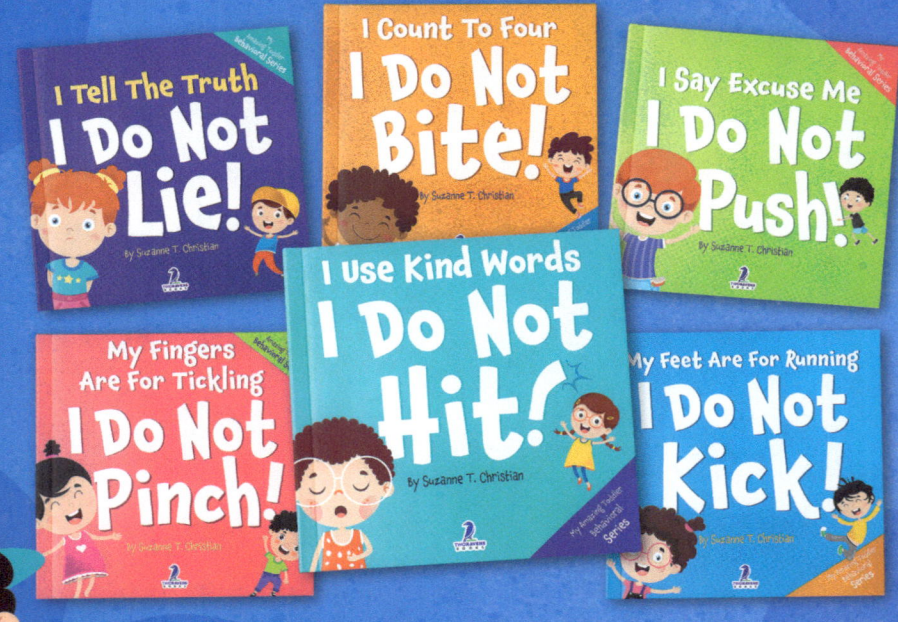

Entdecken Sie
Suzanne T. Christian's beliebte serie
'Meine Erstaunliche Verhaltensserie
für Kleinkinder.'
Junge leser werden es sicher genießen!

Liebe/r erstaunliche/r Leser/in,

Vielen Dank, dass Sie **„Ich Sage Nette Dinge. Ich Haue Nicht!"**. mit mir gelesen haben. Wenn dieses Buch Ihr Herz berührt oder bei einem jungen Leser etwas bewirkt hat, wäre ich Ihnen dankbar, wenn Sie Ihre Gedanken in einer Rezension mitteilen könnten. Ihr Feedback inspiriert mich bei meiner zukünftigen Arbeit und hilft anderen, den Zauber dieser Seiten zu entdecken.

Wenn Sie Vorschläge oder Ideen zur Verbesserung des Buches haben, würde ich mich freuen, direkt von Ihnen zu hören. Wenden Sie sich bitte an mich unter **suzanne.christian@tworavensbooks. com.** Ihre Stimme zählt, und ich weiß sie sehr zu schätzen.

Mit aufrichtiger Dankbarkeit,